JN440048

그날 만난 봄 바다

시하늘시인선
05

그날 만난 봄 바다

●

최삼용 시집

그루

시인의 말

시인이란 말이 시그러웠다
그런데 시라는 말은 참 달콤했다
서툰 언어를 모아 오랜 날을
무딘 심장 두들겨 소리로 폈지만
탁성으로 전달되던 고립의 세월
맛있는 한 문장을 위한 시의 시간 동안
얼마나 많은 잔 가시를 뽑아야 했는지
집합을 거부하는 게시적 생각 때문에
스스로 한계에 봉착되곤 했지만
드디어 세상 향해 던진 소리들이
외딴 자리 들꽃으로 피어난 지금
고운 님들의 가슴마다 마다에
특별한 향기로 스미기를 기대해 본다

2천22년 저문 봄날
최삼용

차례

1부 가왕도 가는 길

2부 오선지에 올리지 못한 파도의 음표

3부 사랑의 온도

4부 도시가 키운 섬

1부

가왕도 가는 길

가왕도 가는 길

간혹 삶이 부담스러워
한 번쯤 길을 잃고 싶은 날 있다면
별발이 바다로 마구 쏟아지는 가왕도로 가자
드러누운 묘혈 자리에서 별 헤는 망자의 삭은 가슴 닮아
언제나 침묵한 채 바다를 지키는 작은 섬
은둔이나 칩거를 핑계 삼지 않더라도
인적 떠나 시간까지 멈춘 그 섬에 들면
온통 코발트 빛 눈부심만 낭자하게 춤추리

끝이 또 다른 시작이라면
오늘의 곤궁 또한 풍요의 척도가 되겠지만
겨울이 창창한 햇살 발라 추위를 말리는 갯가에
빨간 입술 벌린 채 동백꽃이 바다와 살고
최신형 내비게이션을 켜도 뭍에서 끝난 지도에서는
그곳으로 가는 길 찾을 수 없어
말품 발품 다 팔아야 하네
그래서 적당히 두고 온 걱정 삭여 두고
오늘은 나 여기서 이만 길 잃으려 하네

통영항

파도의 꼬리에 물꽃 송이들이
창백한 색깔을 피워 문 여기는 통영항
들물 돌아 벼루 뛰기에 바쁜 숭어만큼
어부의 꿈도 튼실하다

잔잔한 물굽이에 몸 맡긴 채
함께 넘실거리는 고깃배 사이로
억센 톤으로 바람을 찢는 경상도 사투리
골수까지 밴 짠 내 때문에
바다를 떠나지 못하는 사내들이
오전 내내 물결의 무늬를 더듬다가
선창에 정든 이 웃음 남겨 두고
출항등을 켠다

두어 밤 먼바다에서 팔딱대는
생선 부레에 바람을 넣다가
육지로 돌아와 술이 당기는 창자에
그립던 사람들의 안부를 붓고

찌든 비린내 닦는 밤이라면
울음처럼 참았던 오늘의 비가
거칠게 내려도 되겠다

그날 만난 봄 바다

통통배가 겨드랑이 간질이자
파도로 넘겨지는 바다의 책장에
바람이 서술하고 물결이 필사하는
히브리어 같은 굴절 문장들
무엇을 쓰시는지 지금도 필사적이다

바람까지 바다를 빌려 파문 만들며
고인 울음통 비우려
해변에다 몸 뒤집어 파도로 우는데
바람과 바다는 같은 돌림자 쓰는 형제인지
바람 불면 바다가 일고
바람 자면 바다도 따라 잠들었다

그래서 사람과 사랑도 받침 하나 차이라
떼지 못할 관계를 맺는지 모르지만
입춘 넘긴 꽃 절기라 눈부신 햇살은
바다 위에 온통 빛꽃을 피워 문 채
부드러운 파도로 갯돌을 연신 쓰다듬고 있었다

삼천포

생선 비린내 맡은 갈매기가
만선의 배보다 항구로 먼저 들고
잘나가다 빠진다던 구설이
생선 등 가시처럼 박힌 삼천포

실비 멎고 실안개 낀 날이면
해거름녘 실안포구를 실비 집에 데려다 놓고
곰실거리는 실장어구이에 소주 한잔 안 먹여도
실안 낙조는 하냥 붉어 잔파도에 몸을 비틀거리는데
남일대 코끼리바위 같은 우직한 말투 속에
숨겨진 건 살가운 속정

초양도나 늑도에 넋 놓을 추억은 없어도
삼천포대교는 두 섬에 발 디딘 채
빨강 아치로 무지개 띄워 창선도를 만났으니
죽방렴 멸치 가둘 사리 물발이
미완의 은빛 꿈 조각들을
오늘도 당차게 밀물로 밀고 있네

송정역

축축한 소리로 부서지는 파도 선율이
밀물로 밀려들어 머물지 못하고
백사장에 퍼질러진 파도의 잠꼬대는
오늘 하룻밤쯤 짧은 꿈길에게 내줘도 좋은데
그날, 이 자리에 별뉘 같은 미소로
함께 동행했던 얼굴과의 다짐들은
어느덧 슬픈 문장으로 꾸며질 시구가 되고

송정역에 가면
바다에 홀려 두 발 벌려 누운 채
디젤 기관차가 사다리를 타던
동해남부선 폐철길이
이젠 기적 대신 갈매기 울음으로만 찰랑대다
잡초 사이로 녹꽃을 피워 붉나니

새파랗게 펼쳐진 바다로부터 전이된
못다 한 얘기들이 블루라인 모노레일*에 밀리어
한발 비껴 선 대합실 벽시계에 걸려 있고

적요만이 범람하는 플랫폼에
떠난 이 뒷등은
흐린 날 바람처럼 그렇게 쌀쌀했다

*해운대와 송정을 잇는 해변 관광열차

만해晩海

오늘도 바다의 통증을 끌고
파도는 까치발 세워
바람의 날 끝에다 살점을 깎는다

하오 태양이 긴 그림자 늘여
눈부신 밑줄 긋다가
금싸라기 같은 부유로 빛날 때

파도가 제 나이테를 유구히 찍는 섬에서
날알로 팔딱대는
낙조의 잔광, 그 눈부신 산란

전서체같이 흘린 바람의 필치筆致 속에서
비늘털이 하듯 자맥질하던 볕뉘들은
젓꽃판 닮은 낙화인을
만조의 수면에 금빛으로 찍고 있었다

파도의 업業

수평을 추구하는 저 예리한 눈금
한 치의 편차도 용납하지 않는 평평한 균형
경계를 넘지 못해
굽이 되어 뒹구는
그러다 크렁크렁 우는 저 가없는 호곡號哭

툴툴 털어 내도
헹궈지지 않을 갯내를
물고 나오는, 물고 나와
무수히 뱉어 버리는 하얀 바다의 혀

하여 끝없이 소금기 절여진 옷소매로
오늘도 닦고 닦는 자기성찰

달아공원

전라全裸로 반짝이는 물별들이 신기루처럼
바다 꽃으로 피어난 2월의 오후
한려 해상에 돋아난 섬 무리들이 납작 엎드린 채
유배된 슬픔 애절하게 풀어놓고
심연 깊이 눌려 앉았다가 치솟는 너울
그리고 바람이 그려 주는 바다의 바코드

잊힌 말들이 시가 되고 시가 된 언어들이
향기로 피는 달아공원 산마루에
계절의 함구에도 봄꽃 몰래 피었고
풍장風葬으로 갈라진 갈참나무 마른 잎은
지난가을의 흔적 되어 만장처럼 걸렸는데
텃새 울음만으론 설움 달랠 수 없어
파도가 세운 바다의 비석, 그 칼칼한 예각!

거친 물결을 시침질하며
바다를 꿰매던 고깃배가 놓는 두 줄기 파선은
길이가 늘수록 멀어지는 팔자문八字文 이어서

레일이면 탈선이고 자망그물이면 흉어가 분명할 터
붉은 심장 덧대 석양도 바다도 우리도 함께 젖은 지금
아! 봄기운 파릇한 다부진 들물이다

청산도에서

차분한 속살 비집으며 상위 체위를 지향하던 파도는
치솟을 생체적 오르가슴도 없이
오늘도 갈가리 부서져 내렸다

침묵이 오히려 편해진 늙은 여류 시인의 심장에는
막숨 때까지 뱉지 못한 한 구절 절명가나
곱게 써서 부칠 분홍빛 연서,
또 다듬어 행을 이을 시어도 없다

뱃길마저 묶인 바다
바람이 그린 오선지에 풍뢰가 걸려
숨비소린 양 다급히 울고
파도 따라 솟구친 배가
높은 음자리처럼 모로 서 있어 더 위태했다

갯가를 미끄러지는 해조음에 물새마저 화음을 보태다가
쓸쓸함만 녹아내리는 하오의 끝에서
잃어버린 기억 속 낯선 그림자 하나가

밀물로만 밀려드는 오늘
청산도 감싼 바다는 이리도 푸르게 아팠나 보다

석화

파도 밭에 살다 보니
무늬 또한 파도를 닮았다
간만의 차이가 커질수록
인고의 시간 버티어 탱탱해진 속살은
더 진한 갯내 물고
꽃같이 어여쁜 자태를 갈구해
석화라 이름 붙여진 걸까

희끗한 등에 날카로운 꽃잎 달고
짠물 들이켜며 장미가 바다에서 산다
남겨진 빈 껍질은
먹이기 위해 제 것을 파 주어
쪼그라든 어미의 젖가슴 같다

화석조차 될 수 없어
갯돌에 새겨진 벽화
간조에 비린내를 하얗게 말리고 있다

무인도

앉은 자리가 바닷속 옹이 되어
물길이 풀어놓는 지면에
행간의 방점으로 찍혔는가?

펜대 같은 등대의 뾰족한 펜 끝에서
밤마다 눈부신 광채 빛실로 뽑아
하늘에 쓰는 네 문장은 항상 밑줄이고
언제나 날실이 소멸된 단순한 씨실이다

겁의 세월 눌러앉아 태고의 먼지들은 흙이 되고
균열로 갈라진 바위틈 사이에
생명들 뿌리를 질기게 앉히는데
비틀거리며 주름 펴는 파도, 저 현란한 부서짐

목쉰 울음의 통증 전하는 바람 앞에
유언을 거품으로 무는 파도
시어를 유언으로 물고 있는 나

날비 속의 소록도

뙤약볕 내리쬐는 하늘에 적선하듯 비가 내렸다
설움이란 억누르면 누를수록 서러운 것이라고
눈시울에 밀물처럼 차오른 눈물의 알갱이
얼기설기 울음 줄에 꿰었다가 살바람 쐬어도
묵음默音에 물컹거릴 울화야 어이 쉬 삭을까나

꼭꼭 잠가 둔 통곡을 빗장 열어 빗물에 흩뿌려도
그 잔인한 핍박에 거세당한 할 말을 묻고
저 먼 하늘로 길 떠난 서러운 이들이여
비비새도 까닥까닥 고개 숙여 울었고
천둥이 퍼질러 둔 메아리도
돌림 노래에 바쁘구나

바람이란 불면 불수록
중심은 쓰러지는 것이라지만
꽃들까지도 엉겨 피는 만령단* 뜨락에는
비 울음마저 자분히 슬픔을 따라 부르고
아직은 어둠살 번지려면 한참이나 멀었는데

젖은 몸으로 꽃살 쓰다듬다
바다에 쓰러지는 저 바람의 뻔뻔함

*소록도에 있는 납골당의 이름

눈 내리는 성포항

출항 등이 하얀 고깔모자 눌러쓴 채 육지로 돌아온 밤
함박눈은 전봇대에 흰 털옷 걸치고
목쉰 바람까지 음표 없는 음계를 전깃줄에 매달다가
길바닥에 굴러다닌다

생계를 물고 온 배들이 비린내를 흘리고
고양이 울음소리에 선창 가로등 쌍심지를 켜면
죽음을 저항하는 최후통첩을 보태며
부레 호흡 이어 가던 생선 아가미에 차오르는 선혈

막걸리 주전자처럼 찌그러들던 춘자의 생짜배기 18번도
디지털화된 반주기에 푸른 숫자판 되어 박힌 지금
수건으로 툴툴 털어내는 어깨 위 눈 부스러기 같은
선술집 안 버려진 추억마저 헐렁해지고
그래서 눈 오는 오늘 성포는 더더욱 적적하다

만 건너 가조도를 잇던 뱃길 대신 아치형 다리가 놓여
섬사람들이 흘리고 간 얘기들이 폐그물에 걸리는 밤

눈송이도 바닷속으로 투신하는데
닳고 닳아 희미해진 성포항 파시의 기억을 하얀 눈발은
지금도 차곡차곡 지우고 있다

파시波市

수면은 하늘을 복사 중
그래서 하늘만큼 바다도 파란색인데
바람이 갈퀴 세워 긁는 물결은 바다의 나이테다
아니 피아노의 건반이다
높낮이로 출렁이며 수면을 현 삼아
방파제를 해머로 진동하던 파도는
표방을 불가할 바다만의 연주
버려진 생선 살 쪼며 건반에서 리듬을 타던
갈매기가 남긴 토막 노래는 앙코르조차 없지만
윤 시월의 샛날이라서 더 차가웠던가
수평선에 감홍 빛 구름 걸려 있고
오일장터를 손님 대신 찾아들 어둠아
별 송이 따서라도 불 밝히고 싶은 장사치 다급함일랑
너라도 모른 척 덮어 주어라
태양도 누울 자리 찾아 서산에 기대는데
가벼운 전대에 돈 대신 담기던
저 눈치 없는 살어둠

소금꽃

천만번 볕뉘로 살을 빚고
천만번의 바람 들여 뼈를 길렀다
갯물 졸아 염화로 피운 싸라기 소금들이
오늘도 하오 볕받이로 눈부시다

몸에 열꽃 몰려 스스로 재운 소금기는
드디어 물의 꽃이
아, 아니 물의 씨앗이 되었는가
그 거룩한 변이變異

맺힌 땀에 젖은 노동의 기억들을
써레질로 지우던 늙은 염부는
맛이 간 제 청춘 염장이나 하려는 듯
흘러간 유행가 한가락에 휘파람 간주로
싱싱한 그 시절을 밑간하고 있다

작천정에 들다

작천정에서 작정하고 벚꽃과 실컷 연애하다가
돌아오는 길 까마득하게 잃고 여기서 살까 보다
날 좋은 날이면 온산 앞바다에서 온순한 여자와
쪽배 하나 빌려 타고
덩실덩실 노랫가락을 돛폭에 달아
달 뜨면 푸릇해지는 진하 해변을
진하게 더듬어 보리

간절곶 헤매다 간월산 오르던 간새 바람 불러다 놓고
내 안의 정쟁 끊으려 알량한 타협을 이끌어도
불콰한 단맛 감싸는 복숭아의 털 까끄라기처럼
내 어디에 아픔이 그렇게도 넘치고 많아
중년 넘긴 나이까지 까칠한 삶 살까마는

등억의 등신 같은 억새풀같이
나 그렇게 세상에 흔들리다가
저 넉넉한 동해 짠물에다 남은 업 절여 두고
도시의 편리마저 잊어버린

그래서 현실을 놓아 버린 방종이 죄라면
작괘천에 박힌 네가 밟은 제일 굵고
단단한 돌로 나를 벌하라

그러면 내 피를 붓에 찍어 만장문이나 적으려니
이제 내가 나를 다시 찾지 않아도 될
절대 상실 위에, 내 꺾어진 영혼 위에
마지막 둥근달 뜨거든 네 입맞춤한 노랑 꽃송이나
눈물 없이 얹어 다오
그것이 작천정에 발 들인 지금
흐드러진 순백 벚꽃 꽃물결에 욕심마저 씻겨진
내 간절한 소원이란다

이별을 하려면 을숙도로 가라

해거름 썰물 따라 빠져나간 강가에
농해 버린 가을은
언제부턴가 갈밭 사이 골골에 아기 새 울음을 포갰구나
아련한 내 기억 속 슬픈 것들은
이제 바람에 절여 노을께로 묻어 놓자

너는 너만의 계절 찾아 혼자의 발길을 돌릴 때
밟히던 노을의 두께가 무겁진 않더냐
키 큰 갈대 마디마디를 꺾어 파리한 슬픔 접고 싶어
그날 눈물을 노을 속에 숨기는 걸 배웠지만
그리움은 물 동그라미 되어 더 넓은 부피로 번져 가고

꼭 이별할 자들은 해 질 무렵에 맞춰 이곳으로 오라
무서리 시작하는 11월이면 더 좋겠다
뜨는 해는 여름이 아름답고 지는 해는 겨울이 아름답듯
남은 자의 울혈 같은 석양빛 아래에서
서툰 우리들의 이별을
영원히 이별토록 하자

2부
오선지에 올리지 못한 파도의 음표

카페 아데초이 Salon de the A'de Choi

향기를 위하여 커피가 있고
휴식을 위하여 쉼터가 있어야 한다면 오세요
분위기는 좋지만 그대들 사이만큼 좋지 않고
커피는 뜨겁지만
그대들 사랑만큼 뜨겁지는 않을게요

파스텔 톤이지만 차가운 파랑과 정열의 빨강이
대비색이지만 묘하게 어울리고
세월이 눌러앉은 먼지 낀 음악 앞에서
갯바람 버무린 빵과 진한 커피가 익고 있어요
그러나 커피 향이 빵 냄새보다 좋고
입구를 지키는 꽃향기보다 갯내가 좋다면
샹들리에 불빛이 당돌하게 투신하는 여기

오선지에 올리지 못한 파도의 음표 몇 개쯤 걷어
1분 동안 33과 3분의 1회전 하는 턴테이블에 얹어 두고
음악보다 더 음악 같은 해조음에 귀를 열게요
아! 분위기에 취하는 이 심미적 황홀!

겨울 강 갈대밭에서

거친 강물의 살결을 다림질하는가
수면 위를 낮게 비행하는 저 한 무리 철새
해와 별을 길라잡이 삼아 기착지를 해독했던
고단한 날개를 여기 강섶에 접을 쯤
푸석하던 낮달도 생기 돌아 어둠을 물고 왔다

태양이 하루 중 제일 붉고 큰 얼굴로 꺼져 갈 때
갈밭골 우듬지에는 별발 분분히 내렸고
은모 풀어 허공을 휘적대던 갈대의 붓질로 하여
오늘 체감 온도는 더 차가웠을 터

철새들 헛나래질 휑하던 강가에서
누군가가 그리워지는 저녁을 가져 본 자만이
외로움의 실체가 무겁다는 걸 저절로 배운다
내일 아침 별발에 물안개 자욱이 피어나거든
더 이상 있고 싶어도 떠나거라
떠날 줄 알기에 네 이름은 철저히 철새이거늘

오체투지

매미는 높은 곳에서 엎드려 몸으로 경을 읽고
혀 빼물어 업보인 양 제집 진 채 생을 엮는 달팽이
숨 쉬기 위해 지운 주름 숫자만큼
굼벵이의 위태로운 전진은
몸으로 깨우치는 밀접의 고행이다

먼지와 자갈밭에 맺힌 피멍 곪아 터져도
구부리고 엎드리고, 엎드렸다 일어서라 아직 갈 길이 멀다
라사가 높아서 나를 낮추는 것일까?
더 낮은 곳에서 깨달음을 배우러
얻을 것들은 전부 내 머리 위쪽에 두자

멀고 먼 오욕의 거리를 헤쳐
엎드려 임하는 육체의 다섯 끝, 드리운 굳은살에
사리처럼 박힐 다라니 경전
절대적 구도가 소금꽃으로 필 때
붓다 계신 자리는 오늘도 아득히 먼데
구도승은 헤진 상처에 바람을 덧바른다

꽃들에게 바침

—세월호 추모시

비통함에 이 나라 산 자들은 모두가 운다
하늘 끝 모서리에 초라히 달린 쪽달도
오늘은 서러워서 허리 굽혔구나
그러나 세상이 오열한들
억울한 울음만은 길길이 비켜 가는데
세월아, 너만 가지 꽃다운 생들을 왜 데리고 갔느냐

삼백 넷 꺾어진 꽃송이에 나붙은 노란 리본 줄줄이 엮어
깊고 검은 진도 바다 뻘에 박힌 영혼, 씻김굿으로 건져도
초혼마저 못 아뢴 무너진 억장은
맹골수도 가파른 물길만큼 슬픔 되어 번지고
남은 자의 애절한 가슴을 두드릴 북 만들어 울려도
아기 새 울음은 멎어
희망에 걸던 약속 따윈 거짓이 되었구나

핏발 선 절규마저 떠나는 마지막 길에
진혼곡 되지 못한 지금
4·16 그날은 차라리 봄 중에 꾼 악몽이었으면 좋겠다

부레 없어 멈춘 힘없는 호흡들아!
거친 바다 박힌 돌섬으로라도 환생해
순수 영혼 혼불로 밝혀
재앙의 그 바다에 희망 빛 등대로 피어나라
꺾어진 소망 대신 엮어 바다가 마를 때까지 우리
착한 울음을 웃음으로 못 바꾼 죄
천추의 한으로 기억하리니

부호 해부학

왜 서 있을까요
조금은 느긋하게 누워 있어도 될 것을
누워 있는 사이로 다급하게 서 있는 것들
그래요 서 있는 거 세상에 많긴 해요
거꾸로 물구나무선 듯한 제 직립이 불안하나요?
언제 넘어질지 궁금하다구요?
한 대 맞으면 화들짝 놀랄 방망이 표시도
낚싯바늘 닮은 그 기호도
불안한 것은 마찬가지예요

힘듦 같은 것은 꼬리점 찍어 잠시 쉬어 가더라도
슬픔 같은 건 둥근 방점 하나 찍고 빨리 마감하거나
점 서너 개 더 찍어 줄여 버리면 안 되나요?
두 점 대치로 찍은 것은 남의 것 빌려 왔다는 고백이구요
한 점 따옴표는 내 마음 내놓는 것인 줄 아시잖아요
점 여러 개 나열해 내 할 말 줄이는 것도
내 할 말 숨기는 것도 당신은 아셔야겠지요

그런데 사랑이 아플 때는 어느 부호를 써야 되는 거죠?

나무 그네

긴 겨울 하릴없이 빈 마당만 지켰어요
찾아 주는 아이 없어
추위를 둘러쓰고 날마다 바람과 놀았죠
버려진 관심은 잔설에 얼고요
이따금 놀러 온 참새 몇 마리의 재잘거림에서
오래 전 사라진 깔깔 웃음 찾곤 했죠

소복한 봄볕으로 언 손 녹이며
미쁜 아이의 앙증맞은 미소 하나 싣고서
마음껏 흔들리고픈 소망
하늘 속을 차고 오르는 그네에
화들짝 놀란 노랑 봄바람이
구름 과자 한 송이 따서 맛있게 깨물어요

엄마가 읽어 주는 동화책에
쫑긋 귀 기울이다 잠든 아이의 그네 타는 꿈에선
겨울도 봄바람을 사알짝 당겨 덮으며
함께 고운 단잠 드네요

산수유

봄빛 앙다문 섬진 강물이
교교한 춘흥에 살랑거리면
꽃 타령 앞세운 채
함박웃음 희희 걸고

잉걸 지핀 아궁이야 둔 데 없어도
남도 땅 그 쯤에서
아지랑이가 대신 뜸 들인
고슬고슬한 꽃밥이나 퍼서
겨우내 시린 속 채우러 가야것소

봉숭아 꽃물*

햇발은 용마루 돌아들다 댓돌에 조는데
누런 감꽃 뚜욱 뚝
눈치 없이 떨어지는 날
봄볕은 그림자를 길이로 뻗는다

맏이 된 죄로 살붙이 막냇동생 등에 업고
어림 십리 장터에 가난을 팔던
당신의 보석 같던 젊음 대신
곱절로 팬 주름 자리에
세월만 겹겹이 터울로 앉는데

푸서리 찔레꽃은 되바라져 피었다 지고
짓무른 봉숭아 꽃물
그때처럼 손톱 위에 여름을 포갤 즘
조심조심 꿈 하나
누이 가슴에도 새겨졌을까

* 첫눈 올 때까지 손톱물 남아 있으면 첫사랑이 이루어진다는

보성 녹차밭

푸른 뱀이 똬리 풀어
굽이진 산허리 휘, 휘, 휘감았다
실그늘 돌아드는 철 이른 볕살아
살가운 채광 당사실같이 쏟거라

푸르름 머리에 이고 우뚝 선 편백아
너는 곧은 키로 하늘 향해 섰느냐?
내사 차분하게 구름 덮고 누워
만향을 베었다

득량만 갯벌 소금기 절인 바람이
몽중산 봇재를 남실남실 거닐어 와
꿈엔들 반가울 고운 임 댓 자락에
나긋하게 누웠으니

행랑채 사랑방에 찻물 팔팔 끓거든
순백자 쌍 잔, 다반에 잎차 몇 잎 던져 넣고
말라붙은 기억을 우려 아득하게 취하리니
임 향기인 듯 차향인 듯 내 몰라도 좋아라

고추잠자리의 내공

얼굴이 다 덮일 돋보기를 쓴 그의 눈은 원시다
높은 곳에서 먹이를 찾으니 분명 근시는 아니고
꼬리의 토막 눈금은
물 깊이를 재는 잣대쯤 되나 보다

앉은 자리는 도망을 꾀할 탁트인 곳이고
더위 걸려 내려 그물 날개를 가진 듯 보이지만
실상은 큰 눈알 굴리며 투명 날개 뒤편의
위험까지 살피는 그는 겁쟁이

매미처럼 득음도 못했다
그렇다면 빨간색을 즐겨 쓰던
화가의 혼백을 받은 걸까?
서녘 하늘에서 붉은색을 찍어 나르더니
어느새 연못을 물들이고
가을도 물들였다

그러나 그는 바람둥이다
날아다니면서 사랑 놀이만은 뻔뻔스레 잘도 하니

진씨 성 달래 님께

회우는 먼데 밤 별 헤는 셈법은 여전했다
하얗게 경직된 북천 달빛 아래
꽃샘추위는 간밤에도 서릿발로 교각 세웠겠지만
오후 볕 따스한 3월은 햇살을 우표로 대신 붙여
몇 통의 화신을 동봉해 왔다

야윈 가지 끝엔 봄물 돌고
마음에는 꽃물 들어
분홍으로 밝힌 꽃등의 화촉 어여쁘니
간지러워도 헤프게 웃진 말자
진씨 성의 꽃봉오리야

남촌 어귀로 마실 나온 바람이
물 파래처럼 부드러운 날
외진 응달까지 미홍 꽃물 들었으니
화장기 없어도 단맛은 짙겠구나
예다한 내 꽃녀야

봄별

바람에 떨고 섰던 겨울은 가라
한 계절을 거꾸로 매달린 고드름의 형벌
눈물로 파던 제 무덤 묘혈 자리에
이제 유리알 같은 몸뚱이
부서져 내리거라

빈 강을 지키던 억새의 파수는
날 선 칼바람에 허리 꺾이고
2월은 아무 일 없었던 듯
아지랑이로 흔들리다
도란도란 잔물결을 넘는다

남은 계절만이라도 오붓하게 살자며
산허리 껴안은 안개가
나풀대는 춤사위로 매화 망울을 어른다
봄 향기에 겨워 쏟아지는 네 함박웃음이
배 속 아가 몸짓처럼 고우니
태양아! 어서 적도를 질러서 오라

섬진강 하구에 가을이 여물면

휘영청한 달빛 갈기갈기 부서져 내리면
은백 나신 드러내고 솔밭 그림자 짙은 송림은
아직껏 밤을 유혹하고 산답디까?

이맘때면 소오산 자락은 갈색물 들기 시작할 거구요
악양 천수답 구석구석 아름 돌덩이는
거뭇한 석화버섯 저승꽃처럼 피웠겠지요

청설모 탐하던 터진 밤송이야
빈 채로 밤을 새운 지 오랠 것이고
하루를 붉히는 어스름 녘 때면
섬진강 너울이 간지럼 태운 전어 떼가
성글지 않은 그물코에도 시소를 타던가요?

별살 잘 쬔 옹기에 매실주 뜨는 날
잎 자락 떨구던 바람 깃에 귀띔 한번 주면
묵혀 둔 정 아름 안고
내 단박걸음에 그리운 땅 달려가리니

커피론論

믹스커피는 종이컵에서 제 맛이 나고
에스프레소는 진할수록 하얀 잔이 제격이다
혀끝에 적셔진 커피 맛
근세 역사가 힘으로 정복했던
검은 대륙의 빈곤함이 우러난 건지
자유 위한 반항 같은 맛의 향과 그리고 색
짓밟힌 심장에 멍 자국 너무나 탁해져
한줄기 빛마저 투과할 수 없었어

비릿한 원두의 튼실함처럼
그윽한 향기 뒤에 야위게 남는 텁텁한 단맛
거친 열대 적토를 데우는 태양 닮아
뜨거운 색으로 여문 낱알은
불뜸 앞에 검은 눈물을 주저없이 쏟는다
커피 그 맛은 언제나
쓰지만 달고 떫지만 구수한 그래서 너 같은
중독성을 지니고 있었어

꿈 튀기

펑~ 하고 한낮에 띄우는 달
아직은 반 배 겨우 불렀을 아니 반쪽만 벙글었을
그래서 어림잡아 보름달 되려면 며칠이 빠지는
새마을 모자를 눌러쓰고 코 밑에 숯검댕이 붙어서
더 어울리는 아저씨가, 그 아저씨가
호루라기를 불어 길 가는 사람들을 깨우고
식곤증에 닭병 걸린 가축전 닭 장수까지 깨우고는
(성근 닭장에 갇힌 닭은 눈알 반짝이며 벼슬을 세우는데)
펑~ 하고 달을 띄우고 별들을 쏟아낸다

언뜻 보기에 배고프지 않을 것 같은
그래서 인심 입심 더 넉넉해 보이는 뻥튀기 아저씨는
적당히 바람 좋은 날
한낮인데 연줄 없는 보름달을 잘도 띄운다
"싸구려인 제 꿈도 뻥튀기로 튀게 주는 데 얼만교?"
이 바보 같은 질문을 던지기도 전에 또다시 펑……
날지도 못하는 시한부 폐계廢鷄들만
울음을 조각내며 날개 털기에 바쁘다

활풍

바람이 고여 돌고
반짝이는 물별들도 죽어 사라지는데
파도 등 굽이에 수면은 발돋움한다
누가 더운 눈물 쏟아 차가운 비로 뿌리는가?
내 외로움 가늠하듯 겨울비가
낮은 곳에서 더 낮은 곳으로 몸 풀고
긴 물결 두루마리로 헤쳐 놓은 강변에
나뭇잎 쪽배 되어 위태롭게 길 더듬는 오후

누군가 와서 마음껏 울어도 좋을 갈대밭에
눈물의 씨앗들 겨울비에 철철 뿌려 놓고
오늘은 으슬으슬한 한기에 떨지만
그 씨앗 싹 안 틔워도 좋겠다
바람마저 저마다의 돋음결 무늬 만들어
오늘은 북쪽이 그리운지 자꾸만 여울을
북으로 밀어 올리는데
누가 아는가? 저 다급한 바람의 갈 곳을

2월이 짧은 까닭

기다림이 길어진다는 것은
그리움이 더해진다는 것
목마름 뒤에서 목청을 올리던 바람의 곡哭
그건 결별을 눈치 챈 겨울의 끝 울음이었어

영등 할미 심술 속에서도
남실바람이 볕살에 몸 실을 때
대륙풍으로 떨던 가지들이
햇살과의 밀회 꿈꾸어
허허한 마디마다 꽃눈 묶는 날

2월 그 끝머리에는
모두 그리운 것들만 자라나서
어서 춘삼월 오라고 두세 날이
억울하게도 사라져 버렸나

조산을 바라는 실비가
오늘, 매화의 부푼 꽃망울을 어루만진다

3부

사랑의 온도

안개꽃

얼굴이 작아도 너무 작아서
갈래따라 번진 곁가지에
나풀나풀 무리지어 피는
여린 듯 강한 꽃

아슴푸레한 어린 기억 너머
정짓간 실겅 위 대광주리 속
샘물 축인 삼베로
꼭꼭 덮어 두던
식은 보리밥풀 닮은 꽃이기에
밥상머리에서
살짜기 숟가락 놓으시며
찬물 한 대접 들이키시던

내 어머니를 닮아
쳐다보면 쳐다볼수록
아! 아릿하게 배고픈 꽃

아사녀에게

백, 천만번 오직 정을 쪼아
영지影池 잔여울에 탑 그림자 걸었으나
비구름 가려 흔적조차 잃었네

기별을 꽃송이처럼 흔들며
청운, 백운교 건너 안겨 볼 임의 품은
날개 젖은 나비 되어 슬픔으로 어리고

우기마다 날비의 숫자만큼
겨울마다 함박눈 숫자만큼
아사녀 눈물은 영지의 못물 되어
차곡차곡 불었으니

임 모습 행여 그림자로 비칠세라
삭은 달 만월 되기 어언 몇몇 해
오매불망 드린 치성 혼이라도 남아
무영탑 찾다가 석불좌상 되었나

영지에 드리울 시탑詩塔은 이리 낮고 아득한데
나는 오늘도 글을 쪼아 시로 빚는 아사달
시는 언제나 그림자를 좇는 아사녀

가시나무새

한 번만 꼭 한 번만 널 안아 볼 수 있다면
내 심장 가시에 찔려
절명絶命해도 좋겠다

푸른 바람 날개에 달고
마지막 울음 부리에 문 채
마지막 날까지 전하지 못한 말일랑
가시나무새 전설로 남겨 두자

그렇게 해마다 가시나무 꽃 다시 피거든
죽을 때 한 번 운다는
가시나무새 전설을 기억하자

살아가는 동안 가시에 찔리듯 아파하며
수많은 슬픔에 길들여져도
내 사랑은 언제나 화려한 눈물이었다

사랑의 온도

내 몸뚱이 온도는 36.5도
분명 불보다는
끓는 물보다는
뜨겁지 않다

그러나 사랑 앞에 서면 내 몸은
불보다
끓는 물보다
더 뜨겁다

내 몸뚱이 온도는 36.5도
일 년은 365일
그런데 어쩌랴?
하루가 일 년같이 그대가 그리운 나는

부치지 못한 4월의 편지

네게 쓰는 편지는 펜촉보다 지면이 먼저 젖고
눈물보다는 가슴이 먼저 운다
날마다 키운 그리움은
가지에 매달린 봄꽃 송이보다 더 많은데
그 꽃을 다 따 버려야 네게 향한 내 사랑이
송두리째 지워질까

꽃 천지 세상은 벌써 4월인데
내 마음에 피어날 봄꽃은
아직도 겨울의 막장에서 맨몸으로 떨고 있다
단 한 번만이라도 네 얼굴 비비는
내 손길 떨리고 싶어
오늘도 꽃들은 내 앞에 벌거숭이로 섰다

하고 싶은 말 한마디 바람에 태우니
아스라한 네 모습 네 미소
봄 하늘 먼빛 아래 섣불리 부를 수 없는
이름 하나 내 자리에 세운 채

용수철 같은 수관 곧게 펴 꿀도 빨지 못하는
슬픈 나비의 날개로 내가 파닥이나니

봄중 절간

청동 물고기가 승천하려다
은하사 대웅전 추녀 끝에
등지느러미 꿰인 채 매달렸다

하늘이 바다인 양 자유로운 헤엄으로
살래살래 노닐다가 바람결에
옥돌 같은 소리를 빚어내곤 하는데
내장 들어내고 속 빈 목어는 날마다
매 맞는 소리로 성찰을 쌓았는지
가람의 법계 파문 발설 못하게 입막음 당했는지
아가미에 여의주로 재갈 물림 하였구나

출가의 밀담 한 자락쯤은 가졌을 듯한
젊은 비구니의 낭랑한 독경에
만춘지절 바람신 모신 설류화도
허리 숙여 경배 중이고
요사채 백구도 춘곤증에 한창 오체투지 중이다
신어산 청대숲이 살음살음 뱉어낸 죽뢰야
쉬잇! 지금은 경내 온통 참선 중!

할미꽃

심술궂은 꽃샘바람 아직도 찬데
솜털 피부 송송한 더운 피돌기에
미려한 하늘 우러러 뜨겁게 피웠으니
황홀까지 내포한 붉은 로맨스다

두근거릴 심장 들킬까 봐
은밀한 고백일랑 벨벳 치마 깊은 곳에
가려 숨겨 덮어 두고
고개조차 들지 못하는 부끄러움

꼬부랑 목덜미로 꽃술은 향기를 보태지만
상사에 지친 몸이라 할미가 되었나
얼음 녹은 봄물도 갈 길 바쁜 듯
저들끼리 앞 다퉈 소리로 달리는데
울음을 잃어버린 너는
침묵 속의 만종이다

나팔꽃

초췌한 하루가 밤과의 교감을 위해 달을 지핀다
하늘에 박힌 별은 어둠을 꾸밀 장식등이다

단 하루만의 개화라 첫날밤이 마지막 밤이고
첫정이 마지막 정 되는 사랑 아쉬워
울화인 듯 파란 멍울 심장에 차올랐으나
어둠의 기운 빌려 꽃잎을 열기에
그는 이름도 거창한 모닝 글로리

남루한 사랑도 사랑이었고 짧은 정도 정이라
하룻밤 회우에도 황홀했다며
말간 미소 포갠 채 내뻗는 넝쿨손
밤의 피가 꽃몸으로 번져
푸른 혈흔 되었는가

해를 켜는 이 있기에
바람으로 조율하며 기상나팔 불지만
소리는 먹통, 그러다 또르륵 치맛단을 마는

구절초

눈물 고이도록
미려한 가을날
연정에 겨워 울렁이는 꽃멀미

아홉 뼈마디 꺾어서야
비로소 꽃이 된다는
구절초 꽃밭에서

뭉게구름 등짐 지고
나, 네가 좋아서
확, 복상사나 할까 보다

별빛 여인숙

별들마저 졸리는 허름한 새벽이
달의 관조 아래 어둠과 대치 중이다
밤의 살 냄새 심장으로 어루만지며
더운 색깔들만 골라 붓으로 찍어라
차라리 알퐁스 도데의 별이 되지 못한다면
나, 오늘은 고흐의 빛나는 별 되어 반짝여 볼게

귓가에 스러지는 부푼 맥박과
바람의 심장 빌려 덜컹거릴 상상들까지
파행적 몸부림으로 생각을 위반한다
가끔 가파른 절정이 찰랑거리던 창 너머에
물 주름은 관능미 없어도 요염한데

파도의 비릿한 살점들이 찢겨
하얀 핏방울로 튕겨 오르는 방파제 저 너머
물결이 걸어온 뒤안길에
바다는 생선 뼈다귀 같은 달여울 새겨 두었고
밤조차 탈색되어 여명을 뱉을 즈음

내 최초의 연애는 유영할 지느러미도 없이
쓸쓸히 밤바다에 방류되었다

고백을 고백하다

세상을 반으로 접어
동쪽과 서쪽이 합해지고
바다와 하늘이 맞닿아
낮과 밤의 분별이 사라진다 해도
사랑을 품은 나는
네 속에서 즐겁고

사랑한다 말하기 전에
가슴이 먼저 뛰어
말보다 눈으로 들켜 버린 고백은
내 심장 식는 날까지
고칠 수 없는 불치병이겠기에
너밖에 보이지 않는 난 직진형 외눈박이

차마고도

실핏줄 같은 길
아니 실지렁이 같은 길
그래서 지렁이처럼 기어가도 겨우 갈 그 길은
막힌 듯 뚫려 있고 끊긴 듯 이어져
차마 길이 아닌 차마茶馬의 길

풍우로 끊어진 새길鳥路에 새 길 내며
횡단산맥橫斷山脈 횡단 못해 되돌림한 메아리도
메이리 설산梅里雪山에 빙설 되어 걸렸는데
샹그릴라는 그리는 곳이라 이리도 먼가

삶을 지고 헤쳐 나갈 왕복 이만 오천 리
탄식마저 까무러칠 마방의 골 주름 깊어져
가쁜 숨 내릴 곳이 천 길 낭떠러지 아래
설산 녹은 쏜살 급류라 해도
수천 년 세월마저 고스란히 비켜 가는
아! 주린 창자 같은 길

거리의 구도자求道者

스피드와 편리를 빙자한
불분명한 준말들 앞에서
장문보다는 단문적 합성어가
보편화된 현실

말 같지 않은 신조어와
서술적 글보다 한 점 이모티콘이
속내의 대변과 전언된 지 오래인데
편하고 빠른 것만 쫓아온 우린 문명병 환자들

흡사 3분 요리를 닮은 초간편 시대 속에
서로의 소통은
휴대폰의 사각 화면 안에 갇히고
성전도 아니건만 줄줄이 숙여진 고개

저마다의 밀교 앞에서 광신도들은
지금도 열심히 묵언 수행 중!

황혼 상처

저 언덕배기 그늘 좋은 가죽나무 아래에는
이젠 담배 한 대 물고 먼산바라기 즐기던 영감 대신
슬금슬금 초가을이 더위를 피해 앉았다

길벌레 날벌레까지 짝 찾는 계절에
청보라 도라지꽃마저 제 빛에 기우는데
헛간에 걸린 삽날엔 푸석한 녹이
꼴망태에는 먼지가 자욱하다

"누가 온 겨?" 바람의 기척에 어두운 귀를 탓하며
휜 허리 펴 두리번거리다 말고
꼭지 빠진 장독대의 홍시를 주워
터진 곳 한입 베어 내고는
"영감이 좋아하는 홍시 예 있소" 하며
텃밭실에 모셔 놓은 할아버지 무덤 쪽으로 던졌다

골방 깊이 묵혀 두었던 해소 기침은
찬바람 드는 간절기인데도 사라진 지 이태쯤 지났을까
서산에 걸리는 햇살이 오늘따라 더 발갛다

북회귀선

정북향 아니어도
그쪽 지역에 사는 어느 이에게
내 속 까발리면 가슴 델 불씨 하나 식히며 산다
생각이 닳아서 혀끝에 감기는 언어를 뱉어도
차마 사랑이라 부를 수 없어
자판 커서에서 절뚝거리며 걸어 나온 내 고백은
시라는 이름 빌려 오랜 시간 혼자 아파야 했다

시어가 밴 혀끝은 얼마나 달콤할까?
시가 절여 둔 가슴은 얼마나 황홀할까?
페로몬 향기처럼 시를 달고 사는
그 이름을 내 입에 담는 일이
그리움에 오롯이 중독되는 일이지만
가끔 아플 일을 스스로 선택해도 나쁜 것만은 아니었다
그렇다고 묵은 얼룩처럼 엇대 비빌 추억 조각을
몸으로 만든 것은 더더욱 아니다

그대 없지만 올해도 봄이란 놈은 어김없이 달려와

빈 가지에 닭똥 같은 꽃망울 붉게 매달아
그리움만 왈칵 키우고
여지없이 남쪽에서 먼저 켠 꽃불일랑
올봄도 홀로 예뻐해야 될 것 같다
내가 남쪽 회귀선이고 그대가 북회귀선이라면
우리 중심을 잡아 줄 가상의 적도는
둘 사이 어디쯤이나 될는지

그 중심에 피어오른 그대는 무지개 같아서
내 차의 속도계를 다 붙여 따라가도
오늘까지 도무지 그대는 잡을 수 없다
그리움이 얼마나 더 고여야 무지개는
내 심장에 뿌리 박으려나
이제 더 뜨거운 남쪽 두고 북쪽에 가서
내 체온을 달구고 싶다

청포도 익을 무렵

청포도 송이 송이에 매달린 향기는
어느 옛적, 가녀린 얼굴로 귀밑머리 넘기며
시인보다 시를 더 맛나게 읽던
소녀의 미소가 배어 있다
나날이 영그는 푸른 빛 포도만큼
분명 푸르른 심장을 지녔을 그녀가
초록이 겉 숨찰 때 차오르던 단맛 만나기도 전에
하늘에서는 뚝뚝 빗물이 떨어지고
소녀의 눈에서는 눈물이 떨어졌다

그녀가 불러 준 노래 한 구절이
석별의 조짐임을 눈치 챌 즈음
울대 꺾인 뻐꾹새 마른 울음은 저문 길 에돌고
하도 새콤해 깨물지 못한 넋에서는
푸른 진물이 돋았다
뼛속까지 아린 통증으로 쓰인 그때 시는
암만 세월 지나도 절대 읽지 마라
또다시 가슴 다친단다, 어여쁜 소녀야!

4부
도시가 키운 섬

나는 나쁜 남자

시를 빼면 아무것도 없는 남자
시를 벗으면 얼어 죽을 남자
시 때문에 잠 깨는 남자
그래서 시로 밥 바꿔 먹고픈 남자

그러나 그 남자 시는
세종대왕도 아닌, 율곡 선생도 아닌
하물며 이순신 장군까지도 몰라주시니
사임당님은 등 돌려 앉으신 게 당연하다

맨날 시 쓴답시고 아내의 속은
날계란 터지듯 터져도
돈은 시를 알아도
시는 돈을 몰라 다행이라며
오늘도 빈 지갑에 시를 구겨 넣는 남자

세상에게 길을 묻다

슬픔을 억지 잠으로 채우던 남자
실패를 그림자처럼 달고 살던 남자
아직은 덜 늙었지만 그 남자 생각을 죽인 날

술술 잘 넘어가는 술에다 알약 몇 개 던져 넣고
자판기 투입구에 동전 떨어지듯
삶을 탈출할 통로가 제 목구멍인 양
하이 패스 톨게이트처럼 빠르게 지나가려 했었지

그러나 그 길이 내비게이션에는 없어 그랬는지
터널 같은 콧구멍으로
고무호스가 가쁜 생명을 통과시켰었지

그 남자가 찾다 놓친 길은 지상에선 없고
하늘 어디쯤에나 있는지
그곳을 아는 이가, 가 본 이가 아무도 없어
생각은 지금 직진 중인데 몸은 만신창이 빨간불

서러운 기억들이 빈 컨테이너처럼
덜컹대며 누운 몸을 지나간다

나에게서의 도피

잡다한 상념 물보라에 날리며
마지막 편도 선표 끊어 발 들인 섬
한갓진 들물 해조음만
낙조 지키는 방파제에 쓸쓸하다

선체에 걸린 빛바랜 깃발은
끝자락 올 뽑힌 채로 날파람에 팔랑대고
물굽이 쓰다듬던 섬 그늘마저
석양에 잡혀 취기처럼 붉은데
이내 낀 바다도 금시 어둠살에 잠들려나 보다

물여울 길게 달고 뭍에서 올 막배도 끊긴 지금
선창가 서성대던 촌부의 기다림은 언제 끝나려나
북위 34도 선상은 맞다
동경 128도 몇 분쯤인지 모르지만
갈매기의 간헐적 울음소리에서조차
이방인이 놀라 자지러질 섬 동네

휴대전화 전원을 끄는 작은 도피가
버거웠던 날에의 반항이 될까?
초열흘 까치 달빛만 수면에 미끄러져
내 너털걸음을 따라오고 있다

병맛*

내 시의 이름은 가난
그래서 내 시는 지독한 굶주림이다
뱃전에 갓 잡힌 생선의 파닥임처럼
피 튀기는 열정이다
그러나 시인으로서의 내 이름은 자유다

최종 학력은 묻지 마라
운명의 전율 같은 시詩 내림의 넋대로 토해 내는
듣보잡의 글, 그래서 기대도 하지 마라
이 풍요의 시대, 과유불급이라
학벌은 높고 학문은 없다
시인은 많고 시는 없다

그렁그렁 목젖 밑에 묻은 해소 털지를 못해
자주 헛구역질해 대도
내 창자는 토해 낼 이물질조차 없는데
거미처럼 뜬 눈 두고
감각으로 더듬어 사는 세상

내 시의 이름은 가난이다
그래서 시인으로서 내 이름은 바보다, 자유다

*어이없는 말이나 행동을 한 사람에게 쓰이는 신세대 언어

바다 잃은 고래

삶이 힘든 날 가슴에는
바다가 그리운 고래 한 마리 헤엄친다
목말라 물을 찾듯 물 같은 술 퍼마시고는
고래도 못 되면서 고래고래 고함치기도 하고
간혹 딸꾹질을 교신처럼 날리다 잠들면
오늘만은 귀머거리에 벙어리가 된 암고래는
내가 뱉은 음파 대신 밤하늘 별을 보며
뜬눈으로 항로를 감지하나 보다

술이 술을 불러 술고래 되는 날이면
아내 가슴에서 홧병들 싸라기 별 되어
저리 뜨겁게 반짝이는지 알 수 없지만
땡볕 받은 호박순처럼 술 덜 깬 아침
헛구역질해 대며 타는 목구멍을
찬물로 달래기도 전
내가 부리던 지난밤 암고래는 포경선 선장 되어
곱지 않은 눈총을 작살로 꽂아 온다

수의 없는 수번을 달고 산다

내가 그렇게 도시에 충성하며
삼십 년을 넘게 살다가
높디높은 빌딩 한구석
철문 달린 집 열쇠를 가졌지만
그것은 실상 20년 동안은
내 것 아닌 은행의 것이었다

아라비아 숫자를 문패 대신 달고
보안관 같은 몇 명의 경비원 아저씨와
나를 훔쳐볼 볼록렌즈 카메라와 쇠줄 달린 두레박과
내 오장육부를 보호해 줄 갈비뼈같이
시멘트 벽 지탱해 줄 철근 토막들

그런 삭막한 집합들 속에서
죄명 없는 내가 수의는 입지 않았지만
이름 대신 가슴에 매달은 호실 번호
수번 없는 수의를 입고
오늘도 위층 바닥을 덮은 채 잠이 드는 밤이다

아저씨의 반란

청춘을 날로 먹어 버린 세월의 뒤안길에서
팍팍한 설움 한줄기 부여잡고
아저씨란 호칭이 어느새 등짝에
씹던 껌처럼 눌어붙는다

한잔 술에 취기 빌리지 않아도
혹은 누가 떠밀지 않아도
나 스스로에 현기증 일어
세상 속에서 비틀대는 나이

피곤함이 피곤함을 낳아 술 한잔 기울이면
세상에선 변방,
집에서는 빈방으로 내몰리고
내몰리는 넋두리마저 술주정이 되고 마는데

알토란 같던 젊음을 가족과 회사에 다 내주고
아직도 멋진 여자에게 눈길은 가지만
샛바람 소리 훑어 내리던

청댓잎 울음 같던 우리의 봄날
푸르던 청춘은 아, 그렇게 갔다

바람재 달빛에게

오늘만은 그리운 이를 그리워하다가
하루를 허비해도 좋으리
부활의 내일이 오지 않더라도
내 그 사랑에 육신 태워 혼불 붉게 달리라

월광주 한잔 앞에 그리움 불러 놓고
속살대는 바람결에 취기처럼 앓던 울렁증은
널 향한 그리움이 전이된
상사의 고통이란 것을 아는가?

벌써 여명 빛 눈 시린 새벽인데
어둠은 아직도 빛나는 눈망울 가진
별톨 같은 아이 하나 낳아 달라
만삭 달만 탐스럽게 쓰다듬고

월색을 과음한 바람이 뒤뚱대며
새벽길 나서는데

그리움을 알기까지는 네 죄 또한 크거늘
오호! 바람재에는 올가을도 달빛만 홀로 늙겠구나

평택 여자

평택 시내에서 차로 십오 분 남짓
안중에도 없던 안중 땅에
내 안중에 송두리째 넣어도 아니 아플
숲 그늘 같은 여자 하나 살고 있다네

안성 땅 이웃 두고 안성맞춤 같이 살고 싶어
밤이나 낮이나 가슴 저미던
포승 항구에 밥줄 걸고
행담도 넘나들던 돛배 같은 사람
까짓거 질끈 눈 감고 내 자리에 닻이나 놓으시지

꺽다리 코스모스 바람에 흔들리듯
이 풍진세상에 흔들리다 흔들리다
쓸쓸한 날에는 소주 한잔에
유행가 한 자락 불러도 밉지 않을 여자길래
이제 평택 땅 깡촌 여자야
아름다워지기 위한 변신은 무죄다
제발 서해대교 장식등처럼 멋지게 살아 다오

개구리 눈을 읽다

개구리 눈은 쌍무덤이다라는
어느 시인 말씀에 공감한다
어떤 곡비의 넋을 이어받아
무논에서 저리 잘도 우는 건지

눈물 흘릴 동공이 마를까 봐 수막을 연신
닫고 열고, 열고 닫고
뒷다리 놋대 삼아 수중을 헤적여 절절히 울다가
겨울 되면 땅속에서 곡진 울음 쉬다가
몇몇 해 한살이 그럭저럭 끝나면
제가 판 동면지가 제 무덤 되리니

내 여자 역시 개구리 눈 같은 쌍무덤 지니고 있어
귀마개로도 쓸 수 없는 두꺼운 꺼풀로
봉우리 감싼 채 가끔 나를 현혹하다가
어떨 땐 곡비의 울음 대신
기묘한 신음 소리 흘릴 때도 있지만
개구리 눈 같은 수막이 없어
나는 그 눈 아직 읽을 수 없네

내 아내는 장애인이다

길가 가로수나 정원수들은 모두 장애 2급이다
나는 지적 장애를 앓는 시인이고
내 아내는 더더욱 지독한 시각 장애를 가졌을 터
나이 오십을 넘어서도 명품 가방 하나
손잡고 해외여행 한 번 못해 준 무능한 남편인데도
명태 껍질이 아직 눈에 두껍게 발렸나 보다

시 쓴답시고 줄담배 문 채
물보다 술을, 밥보다 시를 더 좋아하는 남자
그래서 내 아내는 낮보다 밤이 바쁘고
돈복보다 일복이 더 많지만
사랑 표현은 립스틱보다 진한 여자다

아내의 해진 지갑 속에는 지폐보다
어느 잡지에서 찢어 온 시 조각들이 더 많다
남편이 좋아하는 것이라며
퇴근길, 여린 손에 항상 검은 봉지 한두 개 들리기 일쑤고
휘청대는 그림자를 가로등 불이 끌어 줘야

비로소 집에 와 신발을 벗는 사람

그러나 우린 날마다 여행을 떠난다
언젠가 부끄러운 내 시 조각이 밥 되어
명품은 아니라도 큰 테 선글라스 끼고
둘레 넓은 라피아 모자를 쓴 채
햇살 좋은 지중해의 섬나라로 떠나는 파아란 상상

구차한 관습을 도마뱀 꼬리같이 잘라도
관 속에 내 몸을 뉘고 못 박기 전까지
난 시구를 버무려 밥 말아 먹겠기에
마음만은 포만감 도는데
오늘도 먼 하늘에서 별꽃 핀 지 오래지만
나밖에 모르는 아내는 이제야 현관문을 연다

옥이 엄마, 우리 막내 이모

심장에 남항南港 물색 닮은 푸른 멍울 안고
썩은 속 짠물에 헹구며
오가던 배가 일으켜 세운 물결같이
이리저리 부대끼어 부서져 봐도
그놈의 바다는 항상 수평선을 업고 먼 산만 본다
천하의 한량인 이모부
풍문에 들리길 여자보다 노름을 더 좋아한다 했는데
아뿔싸 길 건너 룸살롱 작부와 눈 맞았단다

이모의 어깨가 들썩이다
파도처럼 어물전에 뒤집어져도
자기 삶은 차마 뒤엎지 못해
손님 빠진 파장인데 전 접지 못하고 파리만 쫓고 있다

청춘을 비린내 찌든 자갈치시장에서
물 간 고등어 내장 벅벅 긁어냈고
제 속인 양 소금에 밑간하다 화딱지 나면
바다로 헤엄쳐 나가고 싶었겠지만

딸린 부표가 있어 아직도 저렇게 지린 좌판대를
떠날 줄 모르신다, 옥이 엄마, 우리 막내 이모!

어머니의 빈 의자에서 커피를 마시다

당신 계신 하늘에서부터 흘러내려
외등 비친 유리창에 눈물같이 어룽진 빗줄기
살긋한 당신의 젊음이 감자 순보다 더 푸른 시절
한량 남편 바람기에 시달리고 데어
한 달이 멀다 하고 번번이 싼 보따리

그러나 골목 어귀에서 울고 있을
어린 자식들 발길에 걸려
허술하게 싼 보따리 풀며 풀며
바람 밭 촛불로 남겨진 인생사는
소설로도 다 못 쓴다며 한숨으로 덮던 그 넋두리

가슴에 화병을 채마밭 호미같이 꽂아 두고
파도 밭 조각배로 살다 간 세월은
자식 위한 어미의 가없는 희생이었기에
내겐 철든 이후 형님은 있어도
아무나 다 있는 아버지는 없다

봉다방 미스 김

입가에는 뻔한 웃음 달고
빌려 온 성에 가짜 이름이야 기본이라네
옮겨 다닌 지역 따라 고향은 수시로 바뀌고
몸빼 바지 고무줄 같은 나이 늘였다 줄였다
손님 연배 따르다가
커피 대신 단숨에 마시는 요구르트 한 병

대수롭지 않는 인연이야
빨대에 남은 한 모금의 주스이거나
오래된 엘피판에 튀어 오르는
전축 바늘 긁히는 소리 같은 것

로또부동산 박 사장은
읍내 정류장 앞 봉다방에서
새로 온 아가씨를 어깻죽지에 감싸고
오늘도 열심히 호구 조사 중이다

부고

그 여자 속은 무더위 아니어도 화기가 차올라
나날들이 공갈빵처럼 부풀었을 거라고
가풀막 오르는 기차 엔진처럼 뜨거울 거라고
생선 비린내 털며 돌아다니던 시장통 바람이
심심찮게 귀띔을 놓곤 했지

십 년이 하루 같은 남편의 술주정과
뱃속으로 쑤셔 넣는 욕지거리에 웃음줄 놓쳤고
가끔 반신 거울 앞에서 파운데이션 덧칠하는데
도톰한 입술에 짓이겨 바른 장밋빛 립스틱만이
감춰 놓은 손찌검 자국을 기억하지

남자는 꿈을, 여자는 행복을 먹으며 산다지만
연애, 신혼, 사업, 부도, 그리고 남편의 자살
빨강 장미를 좋아하는 그녀가 찾던 행복은
가시조차 없는 씨방 속 썩어 버린 씨앗이었기에
헤진 마음속 눌러 온 통곡을

오늘은 세상 향해 마음껏 풀어 던진 채
장대비에 같이 젖고 있네

도시가 키운 섬

—감천마을

비탈길 뒤뚱이며 기어오른 마을버스에서 내려
까마득한 돌계단을 터벅터벅 오르면
마주 오는 사람 비켜 가기 위해 잠시 된숨 놓아도 되는
그래서 노곤이 땟물처럼 절여진 골목은
이웃집 형광등 불빛까지 남루가 고인 저녁을 달랜다

액땜인 양 보낸 하루로 얻어진
고단을 눕히려 정처에 들면
허기를 부은 양은냄비의 끓는 물속에서
울혈 닮은 라면 스프 물 붉게 우러나고
몸집 부푼 면발 따라 가난의 죄까지 부풀어진다

하느님과 한 발짝이라도 더 가까이서 살기에
믿음 약해도 하느님을 빨리 만날 것 같은
도시가 키운 섬
거기에 가난과 실패를 혹은 죄 없는 꿈을 혀끝에 단 채
휘황한 도심 발치에 두고
가난을 품앗이한 우리가 산다

폐경

내 몸뚱이에 도는 사나운 피들을 다 쏟고
생산을 마감한 거룩한 수행 앞에
이제는 꼽던 손가락 멈춰도 될 나날의 계산법
꽃은 시들어 황홀한 색깔은 바래져도
여분의 향기는 남았는데
씨방을 넘나들던 나비의 식탐은 끝났다

절명의 경지를 터득해
혈관을 통하지 않고 내려놓던 숭고한 적혈은
은밀한 화두의 통찰 같아
구멍 난 채 떨어진 동백꽃이다
달은 아직 지지도 않았는데
어언 달 문은 닫혔다
아, 아 쓸쓸한 적멸*이다

* 세계를 영원히 벗어남, 또는 그런 경지

석양의 시간

폐타이어 더미를 제집 삼은
길고양이들의 홀쭉한 등 위로 노을이 감긴다
볕뉘 한줄기 강물 위에 길게 여울 다리 놓으면
추억을 잡으러 북쪽으로 가고 싶다
아주 가 가끔 곁자리 지키는 이가 있긴 했지만
이제 책임 따를 나이라서
함부로 그의 이름은 밝힐 수 없다

눈물 밴 이별 편지 받아 보지 않고서야
어찌 사랑의 참맛을 알랴마는
사랑은 지웠는데 그리움은 남듯
먼 곳 사람 이름 불러다 가슴에 앉히면
바래진 기억까지 뜨거워지고
어둠으로도 덮지 못할
파편 같은 기억을 퍼즐로 맞추니
그날, 그 눈빛만은 아직도 낙조의 후광 되어
내 동공을 이리도 아프게 찌르고 있다

해설

바다, 시원始原을 찾아가는 생명의 상상력

김경호(시인)

물은 모든 생명의 근원이다. 지구상의 생명 현상은 광물과 생명의 상호작용이라 한다. 광물과 생물의 공진화 현상. 광물과 생물이 같은 원소를 사용하며 생물이 존재해서 그러한가. 우리 인간의 몸은 분자와 원자 단위로 들어가면 매 순간, 매초 단위로 작동하는 광물이라고 한다. 물속에도 우리 몸속을 흐르는 핏속의 수많은 원소들이 녹아 흐르고 있다. 그래서 우리 인간은, 예민한 촉수를 가진 시인들은, 그가 떠나온 시원始原을 그리워하며 끝없이 탐색하고 사색하는 것인가.

이 시집을 관통하고 흐르는 최삼용 시인의 물을 향한 끌림은 무엇인가? 한 시인의 첫 시집의 본향을 찾아가는 일은 그 시인의 살아온 세계, 켜켜이 쌓인 생의 지층을 들여다보며 탐색하는 일이다. 최삼용 시인의 시 세계의 출발은 바로 바다에 있다. 보이는 대상, 그 너머에 있는 원형의 세계에 대한 사유. 시인은 바다 가까이 다가가 바다를 건져 올리며 탐구한다. 쉬지 않고 유동하며 울렁이는 바다를 보며 시인은 척박한 현실에 대하여 저항하고 내적 고통과 외로움을 견뎌내고 있는 것이다. 우리 주변에서 세속적 일상의 늪은 도처에서 아가리를 벌리고 시인을 유혹한다. 이러한 고통과 외로움에서 출발하여 시인은 물가에서 사는 작은 생명체에 대해 시선을 고정시키고 노래의 첫 소절을 시작하고 있다. 이 시인의 시 세계의 지층을 따라가다 보면 그의 상상력은 물(=바다)을 매개로 하여 어둠과 삶의 일상에서 부딪히는 소멸과 비상의 변주로 나타난다. 그 소멸은 궁극적으로 비상을 위하여 열려 있고, 생명을 잉태하고 꽃으로 피어나는 놀라운 시적 발견으로 이어진다. 자연에서 식물이 '피워 낸' 꽃이 아닌 '바다'와 '바위'라는 자연이 내어 주는 상승하는 생명 현상, 즉 새로운 시각의 '꽃花'을, 끈질긴 생명력을 도처에서 발견하기에 이른다. 아래의 시를 보자.

파도 밭에 살다 보니
무늬 또한 파도를 닮았다

간만의 차이가 커질수록
인고의 시간 버티어 탱탱해진 속살은
더 진한 갯내 물고
꽃같이 어여쁜 자태를 갈구해
석화라 이름 붙여진 걸까

희끗한 등에 날카로운 꽃잎 달고
짠물 들이켜며 장미가 바다에서 산다
남겨진 빈 껍질은
먹이기 위해 제 것을 파 주어
쪼그라든 어미의 젖가슴 같다

화석조차 될 수 없어
갯돌에 새겨진 벽화
간조에 비린내를 하얗게 말리고 있다

—「석화」 전문

다소 어눌해 보이기도 하는 어투의 이 시에서 석화石花는 우리말로는 굴이라고 불린다. 돌에 피는 꽃. 조수 간만의 차를 견디며 바위에 붙어 온몸으로 바다를 들이마시고 밀물을 기다려 보이지 않게 몸집을 키우는 석화. 얼마나 기다려야 꽃으로 피어나는지. 시적 화자는 석화를 바다에 사는 장미라고 노래하기에 이른다. 채취하고 난 후의 석화는 모든 것 다 내주고 텅 빈 모성, "쪼그라든 어미의 젖가슴"을 연상하고 있다. 보이지 않는 곳에서 자리 잡고 보이지 않게 "인고의 시간"을 견딘 '모성'이 화석에서 더 나아가 "갯돌에 새겨진 벽화"가 되는 긴 시간. 시인은 언제나 '시어'를 찾아, 바다를 품고 바다에 떠돌기도 하고 바다를 터전으로 살아가는 이웃들의 아픔을 직시하고 있다. 석화가 바위에 핀 꽃이라면 아래의 시는 또 다른 물의 꽃花인 소금꽃 즉 염화鹽花를 노래하고 있다.

천만번 볕뉘로 살을 빚고
천만번의 바람 들여 뼈를 길렀다
갯물 졸아 염화로 피운 싸라기 소금들이
오늘도 하오 볕받이로 눈부시다

몸에 열꽃 몰려 스스로 재운 소금기는
드디어 물의 꽃이
아, 아니 물의 씨앗이 되었는가
그 거룩한 변이變異

맺힌 땀에 젖은 노동의 기억들을
써레질로 지우던 늙은 염부는
맛이 간 제 청춘 염장이나 하려는 듯

흘러간 유행가 한가락에 휘파람 간주로
싱싱한 그 시절을 밑간하고 있다

—「소금꽃」 전문

저 중국의 변방 '차마고도'에서 생산되는 최고의 소금으로 치는 첫 소금은 도화염桃花鹽이라고 한다. 척박한 자연환경 때문에 평지에 염전을 만들 수 없어 비탈진 곳에 나무를 세워 바닥을 진흙으로 다져 층층이 만든 계단식 염전. 수십 미터 떨어진 지하 염정鹽井에서 길어 올린 붉은 소금물을 햇볕에 졸이면서 나오는 귀한 소금. 염전 아래 천장에 맺혀서 피는 하얀 소금(도화염)처럼 노동의 결과는 "물의 꽃"으로 재탄생하여 피어나게 된다. "천만번 볕뉘로 살을 빚고 / 천만번의 바람 들여 뼈를 길"러 한 줌의 소금을 얻기까지 염부는 얼마나 많은 땀을 흘렸을까. 평범한 바닷물이 염전에서 소금이 되는 '살'과 '뼈'의 시간이 시인의 눈에 포착된다. 써레질의 고단함을 휘파람 간주로 달래고 "싱싱한 그 시절"을 뒤돌아보며 염장하는 고된 노동의 일상을 노래한 이 시편은 이 시인의 시를 향해 나아가는 절제된 자세와 고투를 진실하게 보여 주고 있다.

간혹 삶이 부담스러워

한 번쯤 길을 잃고 싶은 날 있다면
별발이 바다로 마구 쏟아지는 가왕도로 가자
드러누운 묘혈 자리에서 별 헤는 망자의 삭은 가슴 닮아
언제나 침묵한 채 바다를 지키는 작은 섬
은둔이나 칩거를 핑계 삼지 않더라도
인적 떠나 시간까지 멈춘 그 섬에 들면
온통 코발트 빛 눈부심만 낭자하게 춤추리

끝이 또 다른 시작이라면
오늘의 곤궁 또한 풍요의 척도가 되겠지만
겨울이 창창한 햇살 발라 추위를 말리는 갯가에
빨간 입술 벌린 채 동백꽃이 바다와 살고
최신형 내비게이션을 켜도 뭍에서 끝난 지도에서는
그곳으로 가는 길 찾을 수 없어
말품 발품 다 팔아야 하네
그래서 적당히 두고 온 걱정 삭여 두고
오늘은 나 여기서 이만 길 잃으려 하네

—「가왕도 가는 길」 전문

"오늘은 나 여기서 이만 길을 잃"고 싶은 그런 날들을 우리는 일상에서 얼마나 자주 겪으며 살아가고 있는가. 가왕도加王島(가오리섬)는 경상남도 통영시 한산면 매죽리에 속한 섬으로 거제도 육지 기준 남쪽으로 약 1.5㎞ 떨어져 있으며, 한

려해상국립공원에 속하고 섬 이름은 섬의 모양새가 가오리를 닮은 데서 붙여졌다고 한다. 내비게이션도 길을 찾아 주지 못하는 섬으로의 도피. 온 걱정을 삭여 줄, 어머니의 배 속같이 편안한, 나만의 피난처인 섬을 누구든 갖고 싶지 않으랴. '은둔'과 '칩거'를 핑계 대지 말고 무작정 달려가 안기고픈 시인의 심정을 따라가 보면 그곳에는 "동백꽃이 바다와 살고" "겨울이 창창한 햇살 발라 추위를 말리는 갯가"가 거기 늘 기다려 주고 있다. 밤이면 "별발이 바다로 마구 쏟아지"고, 낮이면 "온통 코발트 빛 눈부심만 낭자하게 춤추"는 그곳 '가왕도'는 시인이 꿈꾸는 무릉도원의 다른 이름이리라. 이처럼 시인은 핏속을 흐르고 있는 소금기의 원류를 찾아 오늘도 물가를 끝없이 떠돌고 있다. 눈길을 끄는 다음 시편에서도 그가 떠나지 못하는 '물가'의 이미지는 어김없이 나타난다.

> 통통배가 겨드랑이 간질이자
> 파도로 넘겨지는 바다의 책장에
> 바람이 서술하고 물결이 필사하는
> 히브리어 같은 굴절 문장들
> 무엇을 쓰시는지 지금도 필사적이다
>
> 바람까지 바다를 빌려 파문 만들며

고인 울음통 비우려
해변에다 몸 뒤집어 파도로 우는데
바람과 바다는 같은 돌림자 쓰는 형제인지
바람 불면 바다가 일고
바람 자면 바다도 따라 잠들었다

그래서 사람과 사랑도 받침 하나 차이라
떼지 못할 관계를 맺는지 모르지만
입춘 넘긴 꽃 절기라 눈부신 햇살은
바다 위에 온통 빛꽃을 피워 문 채
부드러운 파도로 갯돌을 연신 쓰다듬고 있었다

—「그날 만난 봄 바다」 전문

'바다'와 '바람'은 서로 밀고 당기며 조응하는 관계이다. 바람이 바다의 물결을 밀어 올리면(상승 작용) 물결은 "바다 위에 온통 빛꽃을 피워 문 채" 갯바위를 쓰다듬고 있다. 여기에서도 시인이 의도하든 하지 않았든 다시 한 번 '꽃' 즉 자연이 내려 준 '빛의 꽃(=윤슬)'을 시인의 사유는 자연스럽게 형상화하고 있다. '사람'과 '사랑'은 또 어떤 관계인가. 우리 '사람'의 모두는 '사랑'의 존재이다. '사랑'은 모든 생명의 원천이기도 하다. "사람과 사랑도 받침 하나 차이라"서 사람은 사랑을 하고 대상을 그리워하는 것이다. 자연스런 발현으로 시인의 정서에 남은 애틋한 사랑의 언어들은 아래의 시들에서도 나타나고 있다. 또한 '바다'와 '바람' '사람'과 '사랑' '필사必死'와 '필사筆寫'라는 시어들은 문장 속에서 하나의 리듬을 형성하면서 경쾌한 음보로 작용하여 시적 분위기를 환기시키는 새로운 작법을 구사하고 있다.

> 삶이 힘든 날 가슴에는
> 바다가 그리운 고래 한 마리 헤엄친다
> 목말라 물을 찾듯 물 같은 술 퍼마시고는
> 고래도 못 되면서 고래고래 고함치기도 하고
> 간혹 딸꾹질을 교신처럼 날리다 잠들면
> 오늘만은 귀머거리에 벙어리가 된 암고래는
> 내가 뱉은 음파 대신 밤하늘 별을 보며
> 뜬눈으로 항로를 감지하나 보다
>
> 술이 술을 불러 술고래 되는 날이면
> 아내 가슴에서 홧병들 싸라기 별 되어
> 저리 뜨겁게 반짝이는지 알 수 없지만
> 땡볕 받은 호박순처럼 술 덜 깬 아침
> 헛구역질해 대며 타는 목구멍을
> 찬물로 달래기도 전
> 내가 부리던 지난밤 암고래는 포경선 선장 되어

곱지 않은 눈총을 작살로 꽂아 온다

—「바다 잃은 고래」 전문

어느 시인의 아내가, 생계와 가족보다 시가 먼저인 시인을 변함없이 사랑할 수 있겠는가. 시인은 외롭고 쓸쓸한 날은 "바다가 그리운 고래 한 마리"로 현실을 도피하겠지만 "뜬눈으로 항로를 감지"해야 하는 시인의 아내는 무슨 죄인가? "오늘만은 귀머거리에 벙어리가" 되고 싶은 순진한 아내는 "뜬눈으로 항로를" 잃지 않기 위해, 즉 현실을 살아내기 위해 눈물겨운 현실과 분투하고 있다. '술고래'가 된 시적 화자가 '고래고함'을 치며 술고래가 되는 모습을 바라보는 시인의 아내는 결국 견디다 못하면 "포경선 선장 되어 / 곱지 않은 눈총을 작살로 꽂아" 오는 시인의 고통과 비애의 일상을 이 시는 쓸쓸하게 노래하고 있다.

파도의 꼬리에 물꽃 송이들이
창백한 색깔을 피워 문 여기는 통영항
들물 돌아 벼루 뛰기에 바쁜 숭어만큼
어부의 꿈도 튼실하다

잔잔한 물굽이에 몸 맡긴 채

함께 넘실거리는 고깃배 사이로
억센 톤으로 바람을 찢는 경상도 사투리
골수까지 밴 짠 내 때문에
바다를 떠나지 못하는 사내들이
오전 내내 물결의 무늬를 더듬다가
선창에 정든 이 웃음 남겨 두고
출항등을 켠다

—「통영항」 부분

우리나라의 '나폴리'라 불리는 낭만의 항구 통영항은 관광객에게는 '꿈의 항구'이겠지만 바다를 누비는 어부에게는 파도와 어획량과 싸우는 전쟁터이다. 언제나 마주해야만 하는 현실, 넘실거리는 바다의 일터가 싫을 때도 있지만 "골수까지 밴 짠 내 때문에 / 바다를 떠나지 못하는 사내들"은 오늘도 출항등을 켠다. 거친 파도와 싸우다 육지로 돌아와 가족들의 안부에 안도하며 긴장을 풀고 소주잔을 기울이는 순간에는 바람 불고 장대비가 시원하게 쏟아져도 좋으리라. 바다에 의지해 삶을 살지만 바다에 나가면 떠나온 육지를 그리워하는 운명을 어부들은 타고났다. 파도 머리에 피어나는 '꽃'인 '물꽃'을 바라보며 "들물 돌아 벼루 뛰기에 바쁜 숭어만큼 / 어부의 꿈도 튼실"한 바다를 꿈꾸는 시인이 지향하는 꿈은 건강하고 역동적이다.

평택 시내에서 차로 십오 분 남짓
안중에도 없던 안중 땅에
내 안중에 송두리째 넣어도 아니 아플
숲 그늘 같은 여자 하나 살고 있다네

안성 땅 이웃 두고 안성맞춤 같이 살고 싶어
밤이나 낮이나 가슴 저미던
포승 항구에 밥줄 걸고
행담도 넘나들던 돛배 같은 사람
까짓거 질끈 눈 감고 내 자리에 닻이나 놓으시지

꺽다리 코스모스 바람에 흔들리듯
이 풍진세상에 흔들리다 흔들리다
쓸쓸한 날에는 소주 한잔에
유행가 한 자락 불러도 밉지 않을 여자길래
이제 평택 땅 깡촌 여자야
아름다워지기 위한 변신은 무죄
제발 서해대교 장식등처럼 멋지게 살아 다오

—「평택 여자」 전문

평택 여자는 시인이 꿈꾸는 건강한 사랑이다. 시인은 '평택 여자'의 사랑을 얻기 위해 또 내숭 떠는 '낱말놀이'를 한다. "안중에도 없던 안중 땅" "안성 땅 이웃 두고 안성맞춤" "포승 항구에 밥줄"에서처럼 안중에도 없는 것처럼 농담을 주고받으며, 이 여인은 안성맞춤처럼 귀한 여인임을 단박에 눈치채고, 포승 항구에 밥줄 걸 듯 여인의 마음을 꽁꽁 묶어 둠을 행간에 숨기며 다가가고 있다. 그리하여 마침내 세상 바람에 "꺽다리 코스모스 바람에 흔들리"겠지만 "서해대교 가로등처럼" 훤칠하고 건강하게, 시인과 함께 살아 보자고 사랑을 고백하고 있는 것이다. 그러나 그 시인의 삶도 언제나 녹록치 않다.

시를 빼면 아무것도 없는 남자
시를 벗으면 얼어 죽을 남자
시 때문에 잠 깨는 남자
그래서 시로 밥 바꿔 먹고픈 남자

- 중략 -

맨날 시 쓴답시고 아내의 속은
날계란 터지듯 터져도
돈은 시를 알아도
시는 돈을 몰라 다행이라며

오늘도 빈 지갑에 시를 구겨 넣는 남자

—「나는 나쁜 남자」 부분

그런 건강한 평택 여자도 '나쁜 남자'를 만나 운명이 되어버린 시인의 아내가 되고 말았다. 명색이 시인이랍시고 시를 쓰지만 '원고료' 한 푼 받아 온 적 없는, 이름은 있으나 아내만 알아주는 시인. "돈은 시를 알아도 / 시는 돈을 몰라 다행이라며 / 오늘도 빈 지갑에 시를 구겨 넣는 남자" 는 결국 '나쁜 남편'이 되고 말았다. 이처럼 최삼용의 시는 현학적이지 않고, 평범한 사유로 출발하여 소시민의 애환을 담아내며 오늘을 사는 외로운 군상들의 다양한 모습을 노래하고 있다. 아래의 시편을 보자.

심장에 남항南港 물색 닮은 푸른 멍울 안고
썩은 속 짠물에 헹구며
오가던 배가 일으켜 세운 물결같이
이리저리 부대끼어 부서져 봐도
그놈의 바다는 항상 수평선을 업고 먼 산만 본다
천하의 한량인 이모부
풍문에 들리길 여자보다 노름을 더 좋아한다 했는데
아뿔싸 길 건너 룸살롱 작부와 눈 맞았단다

이모의 어깨가 들썩이다
파도처럼 어물전에 뒤집어져도
자기 삶은 차마 뒤엎지 못해
손님 빠진 파장인데 전 접지 못하고 파리만 쫓고 있다

청춘을 비린내 찌든 자갈치시장에서
물 간 고등어 내장 벅벅 긁어냈고
제 속인 양 소금에 밑간하다 화딱지 나면
바다로 헤엄쳐 나가고 싶었겠지만
딸린 부표가 있어 아직도 저렇게 지린 좌판대를
떠날 줄 모르신다, 옥이 엄마, 우리 막내 이모!

—「옥이 엄마, 우리 막내 이모」 전문

시적 화자에게 '옥이 엄마'이기도 한 이모는 그 가난한 '개발도상국' 시절, 학교 가방보다 먼저 '꽃 같은 청춘'을 "비린내 찌든 자갈치시장에서" "물 간 고등어 내장 벅벅 긁어"내면서 가난을 버티어 이겨냈다. 하지만 "한량인 이모부"를 만나 '고등어 내장' 긁어내던 그 시절의 심정을 다시 한 번 맛보게 된다. "파도처럼 어물전에 뒤집어져도 / 자기 삶은 차마 뒤엎지 못해 / 손님 빠진 파장인데 전 접지 못하고 파리만 쫓고 있"는 그 시절 '이모'의 억척스런 여인의 모습을 형상화하고 있다. '고등어 내장'을 파내고 '소금'으로 밑간하며, 때로는 '좌판대' 들어 엎어 버리고 싶은 삶을 "딸린 부표"(가족의 생계)를 생각하며 견디고 지키는 '옥이 엄마'는 지나간 우리 시대의 쓸쓸한 혈육들의 아픔을 노래하고 있다. 바닷가를 삶의 터전으로 바다를 떠나지 못하고 현실의 고통을 온몸으로 참고 끝내 견디어 이겨내며 마침내 '꽃'으로 피어나는 전편의 시 「석화」처럼 강인한 생명력의 승리를 그려내고 있어 오래 독자의 시심을 붙잡는다.

향기를 위하여 커피가 있고
휴식을 위하여 쉼터가 있어야 한다면 오세요
분위기는 좋지만 그대들 사이만큼 좋지 않고
커피는 뜨겁지만
그대들 사랑만큼 뜨겁지는 않을게요

파스텔 톤이지만 차가운 파랑과 정열의 빨강이
대비색이지만 묘하게 어울리고
세월이 눌러앉은 먼지 낀 음악 앞에서
갯바람 버무린 빵과 진한 커피가 익고 있어요
그러나 커피 향이 빵 냄새보다 좋고
입구를 지키는 꽃향기보다 갯내가 좋다면
샹들리에 불빛이 당돌하게 투신하는 여기

오선지에 올리지 못한 파도의 음표 몇 개쯤 걸어
1분 동안 33과 3분의 1회전 하는 턴테이블에 얹어 두고
음악보다 더 음악 같은 해조음에 귀를 열게요
아! 분위기에 취하는 이 심미적 황홀!

—「카페 아데초이Salon de the A'de Choi」 전문

최삼용 시인은 낭만파 시인이다. 아직도 우리 곁엔 "시를 빼면 아무것도 없는 남자"라고 당당히 지껄이는 미친(?) 시인이 있어 동시대를 함께 사는 우리는 행복한 사람들이다. 이 시집에서 보기 드문 편안한 시 한 편을 얹으며 최삼용 시인의 첫 시집 탐색을 마무리하고자 한다. 원두커피가 생각나면 '아데초이'로 가자. 그곳엔 우리들의 젊은 시절 '뜨거운 사랑'이 넘쳐나고 "차가운 파랑과 정열의 빨강" 배경이 너무 잘 어울리는 바다가 있다. 오래된 레코드가 들려주는 지지직거리는 낭만의 옛 노래들이 있고, "음악보다 더 음악 같은 해조음"이 있는 '그곳'에는 낭만을 즐기는 시인들이 우글거리고 있을 것이다.

여기까지 한 시인의 시의 골짜기를 지나며 생의 지층에 퇴적된 풍경을 거칠게 더터보았다. 켜켜이 쌓여 굳어지고 발효되는 시간 동안 시인이 방황한 흔적은 오롯이 시로 남았다.

최삼용 시인의 시편들은 결코 현학적이거나 난해하지 않다. 일상의 주변에서 건져낸 소시민의 아픔을 간과하지 않고 함께 성찰하면서 때로는 경쾌하게 새로운 시각의 서정으로 풀어내는 미덕이 있다. 그저 자연으로서 존재하고 있는 '물가의 사물'들을 불러와 '꽃'을 피우고 향기를 맡으며 생명의 화음으로 더욱 선연하게 드러내고 있다. 길고 지난했던 '코로나 팬데믹'이 저무는 시대에 이처럼 아름다운 첫 시집을 선보이는 시인의 노고에 큰 박수를 보낸다. 앞으로도 끊임없이 시를 향한 변함없는 '황소 걸음'으로, 더 깊고 풍요로운 시적 풍경을 우리 시단에 선사하길 기대한다.

시하늘시인선 05

최삼용 시집

그날 만난 봄 바다

초판 1쇄 발행 2022년 5월 20일

지은이 최삼용
펴낸이 이은재
펴낸곳 도서출판 그루

출판등록 1983. 3. 26(제1-61호)
42452 대구광역시 남구 큰골 3길 30
TEL 053-253-7872 / FAX 053-257-7884
E-mail / guroo@guroo.co.kr

값10,000원
ISBN 978-89-8069-469-3